Bonn · Gebt der Schöpfung ihr Gesicht

Caecilia Bonn OSB

Gebt der Schöpfung ihr Gesicht

Hildegard von Bingen über Maria

Patris Verlag · Vallendar-Schönstatt

Die Deutsche Bibliothek - CIP-Einheitsaufnahme

Bonn, Caecilia:
Gebt der Schöpfung ihr Gesicht : Hildegard von Bingen über Maria / Caecilia Bonn. - Vallendar-Schönstatt :
Patris-Verl., 1999
 ISBN 3-87620-220-5

Alle Rechte vorbehalten. Printed in Germany
© 1999 by Patris Verlag GmbH
Vallendar-Schönstatt
Umschlaggestaltung: Catalina Kirschner, Freiburg
Satz: Patris Verlag GmbH, Vallendar-Schönstatt
Herstellung: Neuwieder Verlagsgesellschaft, Neuwied

Einleitung

Vor einiger Zeit stellten sich Priester auf einem Einkehrtag die Frage nach der Zukunft der Kirche und ihrem Verhältnis zu Maria. Hat beides etwas miteinander zu tun?

Kardinal Ratzinger hat vor längerer Zeit in einem beachteten Vortrag in Würzburg geäußert, was uns heute am meisten im katholischen Raum fehle, sei eine Schöpfungstheologie. Das sei ein schlimmer Verlust, und er müßte bald aufgeholt werden. Wir sehen ja heute überall im humanen Bereich eine Entwicklung des Bewußtseins, vor allem im Hinblick auf Umwelt und Schöpfung und im Hinblick auf die Würde und Stellung der Frau.

Dabei fällt auf, daß – freilich von einem anderen Ansatz her – wieder neu die Gestalt Mariens angefragt wird. Aber man greift oft zu kurz. So wird Maria dann fast ausschließlich als Symbol des Feminismus oder der Befreiungstheologie gesehen oder als Magna Mater, große Mutter des Kosmos und vieles andere mehr.

Man kann aber aus diesen oft esoterischen Ansätzen erkennen, daß in der säkularen

Bewußtseinsbildung im Hinblick auf Maria ein Raum betreten wird, den wir seit den fünfziger Jahren in der Theologie kaum mehr ausgeleuchtet haben. Die Mariologie hat trotz des Konzils eigenartigerweise stagniert, hat auf der Stelle getreten.

Wenn wir heute verstärkt von einer Schöpfungstheologie sprechen, dann folgt wie auf dem Fuß die Frage, wie im Hinblick auf die Schöpfungstheologie die Mariologie neue Züge gewinnen könnte. Oder konkret ausgedrückt: Wie verhält sich Maria zum Schöpfer und zur Schöpfung?

Diesem Gedanken möchte ich nachgehen unter besonderer Berücksichtigung entsprechender Aussagen bei Hildegard, denn er wird als Frucht etwas sehr wichtiges schenken: Unser Verhältnis zu Maria, vor allem in einer Weihe an sie, kann eine neue und tiefere Dimension gewinnen.

Drei Grundgestalten Mariens

Man kann im Hinblick auf Maria von drei Grundgestalten sprechen. Die zweite und dritte steht uns klar im Bewußtsein, sie ist in der Lehre der Kirche voll ausgeschöpft: Maria als Mutter unseres Herrn Jesus Christus, als Gottesgebärerin, und Maria als die „Mutter der Kirche", wie sie Papst Paul VI. gegen Ende des Konzils feierlich ausgerufen hat. Maria als Gottesgebärerin und Maria – wenn man so will – als Kirchengebärerin! Die heilige Hildegard läßt in einer Schau Maria sprechen: *„Ich muß empfangen und gebären"* (Sc. II,3), sie gebiert in der Taufe ihre Kinder für Christus. Maria ist aber auch – und zuerst – die „geschaffene Weisheit", Erstling innerhalb der Schöpfung, „lichter Urschoß der Welt" (Hildegard).

Die erste Grundgestalt

In der vorkonziliaren Liturgie des Festes der Unbefleckten Empfängnis Mariens (8. Dezember) werden die drei Grundgestalten Mariens angesprochen. In der ersten Lesung aus dem achten Kapitel der Sprüche kommt auf geheimnisvolle Weise eine Frauengestalt zur Sprache, die dem

Schöpfer bei seinem Wirken gegenübersteht und offensichtlich dem Logos zur Seite steht: die „geschaffene Weisheit":

> *„Der Herr hat mich geschaffen als Anfang seiner Wege, vor seinen Werken in der Urzeit.*
> *In frühester Zeit wurde ich gebildet, am Anfang, beim Ursprung der Erde.*
> *Als die Urmeere noch nicht waren, wurde ich geboren, als es die Quellen noch nicht gab, die wasserreichen.*
> *Ehe die Berge eingesenkt wurden, vor den Hügeln wurde ich geboren.*
> *Noch hatte er die Erde nicht gemacht und die Fluren und alle Schollen des Festlandes.*
> *Als er den Himmel baute, war ich dabei, als er den Erdkreis abmaß über den Wassern.*
> *Als er droben die Wolken befestigte und Quellen strömen ließ aus dem Urmeer.*
> *Als er dem Meer seine Satzung gab und die Wasser nicht seinen Befehl übertraten, als er die Fundamente der Erde abmaß, da war ich als geliebtes Kind bei ihm.*
> *Ich war seine Freude Tag für Tag und spielte vor ihm allzeit.*

Ich spielte vor dem Erdenrund, und meine Freude war es, bei den Menschen zu sein"
(Spr 8,22-31).

Und im Buch Jesus Sirach 24, 3-13:

„Ich ging aus dem Mund des Höchsten hervor, und wie Nebel umhüllte ich die Erde.

Ich wohnte in den Höhen, auf einer Wolkensäule stand mein Thron.

Den Kreis des Himmels umschritt ich allein, in der Tiefe des Abgrunds ging ich umher.

Über die Fluten des Meeres, über das Land, über alle Völker und Nationen hatte ich Macht.

Bei ihnen allen suchte ich einen Ort der Ruhe, ein Volk, in dessen Land ich wohnen konnte.

Da gab der Schöpfer des Alls mir Befehl, der mich erschuf, wußte für mein Zelt eine Ruhestätte.

Er sprach: In Jakob sollst Du wohnen, Israel soll Dein Erbbesitz sein.

Vor der Zeit, am Anfang, hat er mich geschaffen, und bis in Ewigkeit vergehe ich nicht.

Ich tat vor ihm Dienst im heiligen Zelt und wurde auf dem Zion eingesetzt.

In der Stadt, die er ebenso liebt wie mich, fand ich Ruhe, Jerusalem wurde mein Machtbereich.
Ich faßte Wurzeln bei einem ruhmreichen Volk, im Eigentum meines Herrn.
Ich bin die Mutter der schönen Liebe, der Ehrfurcht und der Erkenntnis und der Hoffnung."

Was wird hier mit einem Text, der seit vielen Jahrhunderten in der Liturgie auf Maria hin interpretiert wird, ausgedrückt? Es geht bei dieser geheimnisvollen Gestalt um die vernehmbare Stimme eines Geschöpfes, der geschaffenen Weisheit, dem Erstling innerhalb der Schöpfung. Sie darf nicht verwechselt werden mit der ungeschaffenen Weisheit, dem Logos, dem Wort Gottes, dem Sohn, dem Erstling vor aller Schöpfung.
Die geschaffene Weisheit diente vor dem Schöpfer und gab ihm in bräutlicher Weise Antwort, noch bevor alle Gestalten dieser Welt ans Licht kamen auf das Wort des Logos hin.

„Leuchtender Urstoff der Welt" – so besingt Hildegard (Gesang 10) Maria, „Umfassende Lebenskraft", „Umarmung der Schöpfung".

Die zweite Grundgestalt

In der zweiten Lesung des 8. Dezember wird im Text von Ezechiel (44, 1-3) die zweite Grundgestalt Mariens angesprochen. Der Prophet sieht eine Tür im Tempel, durch die nur der Fürst eintritt und die dann verschlossen bleibt. Der Fürst wird dann seinen Herrschersitz in ihr aufschlagen. Niemand darf mehr durch diese Pforte hindurchgehen, denn der Herr, der Gott Israels, ist durch sie eingezogen und hat seinen Herrschersitz in ihr aufgeschlagen: eine Anspielung auf den verschlossenen, nur für Gott geöffneten Leib der Jungfrau Maria. Der Allerhöchste zieht in sie ein und macht sie zur Gottesgebärerin (Theotokos).

> *Wunderbar hast du nach göttlichem Ratschluß das Fleisch ohne Makel umschlossen, damals als in deinem Schoß Gottes Sohn leibhaftig erblühte. Die Heilige Gottheit selbst, sie brachte ihn zum Leben, allen Gesetzen des Fleisches zuwider"* (Gesang 11).

„*Und Gottes Sohn
er brach aus ihrem Schoß hervor
dem Morgenrot gleich"*
(Gesang 20).

Die dritte Grundgestalt

Die dritte Grundgestalt Mariens schließlich findet sich im dritten Text des Marienfestes (Offb 12):

> *"Dann erschien ein großes Zeichen am Himmel: die Frau, mit der Sonne bekleidet, der Mond zu ihren Füßen und ein Kranz von zwölf Sternen auf ihrem Haupt",*

eine Frau, die in Geburtswehen liegt: Symbol der christlichen Gemeinde, der Kirche, Symbol aber auch der sich in Schmerzen vollendenden Schöpfung.

Die Schöpfung ist also von Anfang an bis zum Ende von den Grundgestalten Mariens umfaßt.

Drei Überschattungen Mariens

Die Heilige Schrift bietet auch die Grundlage, von drei Überschattungen Mariens durch den Heiligen Geist zu sprechen – analog zu den drei Grundgestalten Mariens.

Lk 1,35 heißt es ausdrücklich in der Botschaft des Engels an Maria: „Der Hl. Geist wird über dich kommen, und die Kraft des Allerhöchsten wird dich überschatten." (Gottesgebärerin)

Am Kreuz übergibt Jesus – seinen Geist aushauchend – Johannes (die Kirche) der Mutter.

An Pfingsten überschattete sie der Heilige Geist für diese mütterliche Aufgabe, sie wird Erstling in der Gemeinschaft der Apostel.

Vielleicht darf man auch von einer Überschattung sprechen, wenn es zu Beginn des Schöpfungsberichtes heißt, daß der Geist über den Wassern des Chaos brütete (Gen 1,2). Sollte da nicht im Vorwissen Gottes, in seiner Ewigkeitsschau vor der Welt schon Maria vor seinem Blick gestanden haben?

Vor Gott erscheinen nämlich alle seine Werke in seinem Vorwissen zeitlos. *„Denn in der reinen und heiligen Gottheit leuchteten alle sichtbaren und unsichtbaren Dinge ohne* *zeitlichen Augenblick und ohne Zeitablauf vor aller Ewigkeit auf, so wie sich Bäume und andere Dinge in naheliegenden Gewässern widerspiegeln, ohne doch völlig in ihnen zu sein, wenngleich ihre Umrisse in diesem Spiegel erscheinen"* (Hildegard, vgl. LDO I,7). Als Gott sprach: „Es werde", hüllten sich die Dinge sofort in ihre Gestalt, so wie sein Vorherwissen vor aller Zeit sie körperlos geschaut hat. Wie in einem Spiegel alles, was vor ihm liegt, erglänzt, so erscheinen in Gott alle Werke zeitlos.

„Als Gott den Abraham schuf" – so Hildegard an anderer Stelle – *„sah er in seinen Lenden schon die noch schlafende Erde (terra dormiens), das ist Maria!"* Sie ruhte gleichsam noch verborgen, bis sie in der Geschichte leibhaftig als die Person Maria da war.

Wie ist eine solche Sicht zu verantworten? Die schon zitierte Weisheitstheologie des Alten Bundes wurde lange Zeit von den Kirchenvätern ausschließlich auf die unerschaffene Weisheit, das heißt auf Christus (oder auch auf den Heiligen Geist) ausgelegt. Doch gibt es auch eine beträchtliche Anzahl von Kirchenvätern, die diese Weisheitstheologie auf Maria und die Kirche auslegt. Prälat Thomas Schipflinger schreibt in seinem Werk „Maria-Sophia" ausführlich darüber.

Maria erscheint als die in der Bibel prophetisch geoffenbarte Weisheit, ja deren personale Erfüllung in ihrer eigenen Person und in der Kirche.

Wie die Weisheitstexte sagen, spielte sie vor dem Schöpfer auf dem Erdenrund. Und der Schöpfer rief im Blick auf sie die Schöpfung ins Dasein. Sie ist Erstling, ohne Makel und Runzeln (das mußte ja der Erstling nach Leviticus immer sein). Makellos und fehlerlos mußte sie vor ihm sein, damit er sie seinem Sohn später in der Menschwerdung schenken kann, als Erstlingsgabe des Vaters an den Sohn. Maria wird dann in ihrem eigenen Leben den Sohn als makellosen und fehlerlosen Erstling dem Vater zurückschenken.

Hildegard von Bingen besingt das mit einem sehr schönen Bild: *"Der Schöpfer warf seinen Blick zu Beginn seiner Schöpfung auf die Schönste aller Frauen, so wie der Adler sein Auge auf die Sonne richtet"* (Gesang 19). Gott schaut über Zeit und Raum hinweg auf die kleine Frau von Nazaret, Mutter und Gefährtin seines Sohnes und Mutter der Kirche. *"Deshalb darf die Schöpfung in inniger Liebe zu ihrem Schöpfer wie zu einem Geliebten sprechen, darf nach einer Weide verlangen, nach einer Heimat. In ihrem inner-*

sten Seelengrund verlangt sie nach dem Kuß Gottes. Hat doch der Schöpfer sein Geschöpf, so wie er es schuf, dadurch geschmückt, daß er ihm seine große Liebe schenkte. So war alles Gehorchen der Kreatur nur ein Verlangen nach dem Kusse des Schöpfers. Und alle Welt empfing den Kuß ihres Schöpfers, da Gott ihr alles schenkte, was sie brauchte. Ich aber, ich vergleiche die große Liebe des Schöpfers zu seinem Geschöpf und der Geschöpfe zum Schöpfer mit jener Liebe und Treue, mit der Gott dem Mann die Frau zu einem Bunde zusammengab, auf daß sie schöpferisch fruchtbar würden. Daher fühlt sich die Schöpfung zu ihrem Schöpfer hingezogen, wenn sie ihm in allen Dingen gehorsam dient. Aber auch der Schöpfer ist mit seiner Schöpfung im Bunde, wenn er ihr die grünende Lebensfrische und die fruchtbare Lebenskraft eingießt. Ganz schwarz würde die Schöpfung werden, wenn sie sich in irgendeiner Verpflichtung dem göttlichen Geheiß entziehen wollte" (vgl. LVM V, 39-40).

Von nun an steht offenkundig alle Welt im großen Zeichen der Frau. Die Frau, die Gottes Eingeborenen tragen wird, ist das große Gestirn des Meeres, aus dem alle Flüsse entspringen und in das alle wieder heimkehren, in einem großen ewigen Kreislauf, einem großen Zug des Heimwehs, dem Herzschlag der Weltgeschichte, in der alles Lebendige zur Wiederherstellung und zum Heil geführt wird.

Grignion von Monfort, der große Lehrer der Hingabe an Maria, betrachtete sie zu seiner Zeit noch vorwiegend als die Gottesgebärerin und sieht in ihr, nach einem Wort des heiligen Augustinus, die „forma Christi", die Form, das Gußbild Christi: *„Gieße dich in diese Form, und Christus wird in dir entstehen."* Christus in uns als der aus der Form Maria immer wieder durch das Wirken des Heiligen Geistes und seiner Überschattung Hervorgehende. Maria ist ja immer empfangend, immer schwanger und immer gebärend durch den Heiligen Geist als Mutter der Kirche. Aber Maria ist nicht nur die forma Christi, die Gußform Christi, sie wird die Gußform der Kirche, sie ist Archetyp und Vollendungsbild der Kirche, der Ecclesia. Sie ist ihr Anfang, ihr Ursprung und ihr Ziel. Aber Maria ist auch die Gußform der Welt, die forma mundi, damit ist sie das stete Echo auf den Schöpfer.

Maria, Urplan der Schöpfung

Gehen wir noch einmal zur Weisheitstheologie zurück. Maria gibt der in der Bibel prophetisch geoffenbarten Weisheit ihre Fülle in sich und in der Kirche. Sie ist die mütterlich-bräutliche Mitwirkerin Christi so wie die Weisheit die Mitwirkerin des Logos bei der Erschaffung der Schöpfung und bei der Erhaltung der Welt ist. Die Mitsitzerin auf seinem Thron, die Beisitzerin auch bei der Rettung und Führung Israels.

Maria ist also nicht nur die Gefährtin, die zweite Eva, wie wir sie aus der Vätertheologie kennen, die zweite Eva, die Christus zur Seite steht und die unter dem Kreuz zur Mutter der Kirche wird, am Kreuz sozusagen aus seiner Seite hervorgeht, sondern sie wird schon zu Anfang der Schöpfung gesehen.

Wir dürfen sagen: Christus ist *nie* von Maria zu trennen, weil Gott das, was er im Ursprung gedacht hat, auch ausführt, und so ist sie auch im *Ursprung* schon die Gefährtin Christi. Was Gott hier verbunden hat, kann der Mensch, kann unser Denken nicht auseinanderreißen. Es existiert nicht erst in der Zeit, sozusagen als Einfall Gottes, sondern es war in seinem Herzen vorweg schon gegenwärtig.

Maria, als Herrin der Welt, verkörpert die Welt in ihrem personalen bräutlichen Kern. Sie ist Urgrund, Urprinzip, in dem alles vorgezeichnet, vorgestaltet ist, in dem alles seine Form hat. Sie ist die Form, die alle Formen in sich schließt und umfaßt.

Der Ostkirche ist diese Betrachtung der Sophia als Weisheit geläufig. Durch diese sophianische Betrachtung wird die Mariologie der Ostkirche auf eine kosmische Grundlage gestellt und um die kosmische Dimension erweitert. Hier ist unterschwellig ein Anliegen der heutigen Menschheit angesprochen, die ja nach Erhebung des Weiblichen und der wahren Gleichwertigkeit der Frau mehr oder weniger bewußt Ausschau hält.

In einem Brief an Abt Adam beschreibt Hildegard das sehr eindrucksvoll: *„In wahrer Geistesschau mit wachem Körper sah ich etwas wie eine überaus schöne Jungfrau. Sie strahlte in solch hellem Blitzesleuchten ihres Antlitzes, daß ich nicht vollkommen hinzuschauen vermochte. Sie trug einen Mantel, weißer als Schnee und leuchtender als die*

Sterne, auch war sie mit Schuhen wie aus reinstem Gold bekleidet. Sonne und Mond hielt sie in ihrer Rechten und umfaßte sie liebevoll. Auf ihrer Brust war eine Elfenbeintafel, auf der eine Menschengestalt in saphirblauer Farbe erschien, und die ganze Schöpfung nannte diese Jungfrau Herrin und sprach zu der Gestalt, die auf ihrer Brust erschien: bei dir ist die Herrschaft am Tag deiner Kraft im Glanz der Heiligen. Aus dem Schoß habe ich Dich gezeugt vor dem Morgenstern.

Und ich hörte eine Stimme, die zur mir sprach: die Jungfrau, die du siehst, ist die Liebe. In der Ewigkeit hat sie ihr Zelt, denn als Gott die Welt erschaffen wollte, neigte er sich in zärtlicher Liebe herab, alles Notwendige sah er voraus wie ein Vater seinem Sohn das Erbe bereitet und erstellte so in glühendem Liebeseifer alle seine Werke. Da erkannte die Schöpfung ihren Schöpfer, denn die Liebe war im Anfang der Urgrund dieser Schöpfung, da Gott sprach: es werde und es ward, wie in einem Augenblick wurde die ganze Schöpfung durch sie gebildet.

Die Jungfrau strahlte in solch hellem Blitzesleuchten ihres Antlitzes, daß ich nicht vollkommen hinschauen konnte. Denn immerdar blüht in Gottes Erkennen das unversehrte Land, die Jungfrau Maria und so erscheint auf der Tafel eine Menschengestalt von saphir-

blauer Farbe. Die ganze Schöpfung nennt diese Jungfrau Herrin, denn aus ihr ist sie hervorgegangen, weil die Liebe das erste war. Darauf deutet auch die Gestalt auf ihrer Brust. Gott bekleidete sich um des Menschen willen mit der menschlichen Natur. Die Jungfrau aber gebar ihn in Unversehrtheit."

Verwalterin des Heilsplanes Gottes

Aber Maria ist nicht nur Urplan der Schöpfung, sie ist auch Verwalterin des Heilsplanes Gottes. Sie ist die symbolisierte Liebe dieses Heilsplanes, der Jesus Christus ist. In ihrer Person hat die Kirche von Anfang an abgelesen, was Gott mit dem Menschen vermag. Sie ist der Spiegel, an dem sich sein Plan mit unserer Geschichte ablesen läßt. Darum konnte der verstorbene Bischof Hemmerle sagen: *"Der historische Augenblick gehört Maria."* Sie ist Sachwalterin des Zeitplanes. Von daher kann man sagen, daß es keine Weltsituation in ganz säkularem Sinne gibt. Zugespitzt könnte man sagen: In die Welt schauen heißt auf Maria schauen. Die Einheit von Jesus und Maria ist nicht auseinanderzureißen, sonst würde man Himmel und Erde auseinanderreißen, und doch beten wir ja im Vater unser: "Wie im Himmel, so auf Erden". Das gilt im Hinblick auf die geschichtlichen Prozesse, wie auch im Hinblick auf die kosmischen, sie sind heute sehr relevant und nähern sich einander.

Gußform der Schöpfung

Gußform Gottes ist Maria durch ihre Unmittelbarkeit zur Dreifaltigkeit. Sie ist nicht nur Gußform Gottes, weil sie die Unmittelbarkeit zu Christus hat, sie ist auch die angegossene Entsprechung zum Schöpfer, darum ist sie Gußform der Schöpfung. In ihr gewinnen alle Dinge ihre bestimmte Gestalt. In ihr kommt vom Ursprung her und authentisch die Schöpfung zu Gesicht. Sie ist das fundamentale Echo der Kreatur auf den Anruf Gottes. Gott schenkt uns durch sie den „grünen" (d.h. offenen) Raum, in dem wir zum Dialog mit Gott fähig werden.
Man könnte sagen: Die Schöpfung trägt ein menschliches Antlitz, in das wir schauen können: Maria.

In diesem Zusammenhang kann ein Text aus den Bekenntnissen des heiligen Augustinus sprechend sein. Dort wechselt er im 12. Kapitel überraschend vom „Du" im Hinblick auf Gott bzw. Christus um auf das „Du" Mariens.

> *„Du Haus so hell und schön, ich liebe deinen Glanz und die Wohnstatt der Herrlichkeit meines Herrn , der dich gebaut und dich zu eigen hat;*

> *dir seufzt meine Pilgerschaft und ich rufe zu dem, der dich erschaffen, er möge auch mich besitzen in dir, weil er auch mich erschaffen hat.*
> *In die Irre bin ich gegangen, wie das verlorene Schaf, aber ich hoffe, auf den Schultern meines Hirten, der dich gebaut hat, werde ich dir heimgebracht."*

Es fällt an diesem Text die Betonung des Geschaffenseins auf („der dich gebaut, der dich erschaffen und der auch mich erschaffen hat in dir"). Ein erstaunliches Bild: Es ist nicht Maria, die den in die Irre Gegangenen zum guten Hirten, in seine Hürde zurückträgt, sondern hier trägt der gute Hirte selbst das Geschöpf in seinen Urgrund zurück, der zugleich die Vollendung ist.

Thomas Schipflinger trägt in seinem Buch* Texte aus den östlichen Religionen zusammen, die mythische Vorzeichen für diese erste Grundgestalt der Gottesmutter sind. Aus der chinesischen Philosophie:

---

* Thomas Schipflinger, Sophia-Maria. Eine ganzheitliche Vision der Schöpfung. München/Zürich: Neue Stadt 1988

*„Die Welt hat einen Anfang, und das
ist die Mutter der Welt.
Hat man seine Mutter gefunden, so
erkennt man sich selbst als ihr Kind.
Hat man sich als ihr Kind erkannt
und hält sich an seine Mutter, so ist
man beim Untergang des Leibes ohne
Gefahr.
Wer sein Licht benutzt, um zur Erleuchtung zu kommen,
der verliert nichts bei des Leibes
Untergang.
Das heißt: in das Ewige eingehen."*

Von russischen Dichtern seien vor allem einige Gedichte Solowjews angefügt, der 1900 in Uskoje bei Moskau gestorben ist:

Heute sah ich Sie

*Heute hab' ich mit Augen gesehen
Ganz in Lichtglanz die Königin mein,
Und das Herz blieb vor Jubel mir
stehen.
In des goldenen Morgenrots Schein
Ist das himmlische Wunder geschehen.
Alle Erdenlust spür ich vergehen.
Sah nur sie, sah nur sie, sie allein.*

O Erde, Herrin mein!

O Erde, Herrin mein! Schon seit der Jugend Tagen
Hab' deinen süßen Atem ich gespürt,
Hab' durch dein Blütenkleid dein Herz ich hören schlagen
Und habe des All-Lebens Puls berührt.

Im Mittag stieg zu mir herab des Himmels Gnade
Mit gleicher Zärtlichkeit in schimmernder Gestalt,
Ihr sandte frohen Gruß des blauen Meers Gestade,
Der Wellenklang des Stroms, der windbewegte Wald.

Von neuem will sich jetzt geheimnisvoll verbinden
Die Erdenseele mit dem Quell des Lichts.
Ein ungemeß'nes Glück läßt dieser Bund mich finden
Und alles Leid der Welt zerfließt zu Nichts.

Und unter gleicher Überschrift zwei Jahre vor seinem Tod:

> *O Erde, Herrin mein! Ich werd' nicht müd, zu lauschen*
> *Dem Lied, das mir, wie einst, so heut' das Herz bezwingt,*
> *Dem ewig jungen Lied, das mir die Flüsse rauschen,*
> *Das mir der dunkle Wald in alter Schönheit singt.*
>
> *Zwar anders floß das Licht aus hohen Himmelsräumen*
> *Herab an jenem Tag, so wolkenlos und klar;*
> *Und zwischen dieses Parks vertrauten alten Bäumen*
> *Erschien geheimnisvoll ein blaues Augenpaar.*

Das Schloß meiner Königin

> *Das Schloß meiner Königin schimmert von Gold,*
> *Sieben Säulen tragen den Saal.*
> *Am Diadem meiner Königin hold*
> *Glänzt Edelgestein ohne Zahl.*
>
> *Und im grünenden Garten der Königin mein*

Blühen Rosen und Lilien bunt,
Und es spiegelt ihr Antlitz sich, lieblich und rein,
In des silbernen Baches Grund.
(…)

Wie ein blühender Frühling nach Winters Gewalt
Kommt die Freundin im strahlenden Kranz.
Zu ihm neigt sich herab ihre holde Gestalt
Und umhüllt ihn mit Schleiern von Glanz.

Und besiegt sie alsbald jede finstere Macht,
Und sein Feuer brennt rein wie das Licht.
In ewiger Liebe ihr Auge ihm lacht,
Und zum Freunde leise sie spricht:

„Ach, dein Wille, er schwankt.
Du schwor'st Treue mir zu;
Doch dem Worte entsprach nicht die Tat.
Ja, du brachest den Schwur; doch ihn brachest nur du:
Ich vergelt' nicht Verrat mit Verrat."

Ausschnitt aus dem Gedicht „Drei Begegnungen". Der Dichter ist auf der Suche und kommt in die Wüste:

> *Die Sonne war bereits am Niedersinken,*
> *Schnell ward es dunkel - ohne Übergang.*
> *Die Nacht war finster - trotz der Sterne Blinken -,*
> *Die Wüste still, kein Ton, kein Laut erklang ...*
>
> *So lag ich lang' in halbem Schlaf darnieder.*
> *Da wehte es: „Mein armer Freund, schlaf ein!"*
> *Und ich schlief ein; - - und ich erwachte wieder*
> *Und sah die Welt in ros'gem Frührots Schein.*
>
> *Im Purpurglanz des Morgenhimmels blühte*
> *Ein Frühling auf, draus blicktest Du mich an.*
> *Der helle Schein in Deinen Augen glühte*
> *Wie einst das Licht am Tag, da Gott sein Werk begann.*

Was ist, was war, was kommt in Ewigkeiten,
Lag vor dem Blick in reicher Vielgestalt:
Blau schimmern unter mir des Meeres Weiten,
Die weißen Bergeshöh'n, der ferne Wald.

Ich sah das All, und alles war nur Eines,
War meiner ew'gen Freundin holdes Bild,
Und von dem Glanze dieses Himmelsscheines
War alles um mich her und war mein Herz erfüllt.

Lichtglänzende, Dein Wort hat nicht getrogen:
Ich durfte in der Wüste ganz Dich sehn.
Wohin auch immer mich des Lebens Wogen
Noch tragen – dieses Glück kann nicht vergehn.

Doch die Erscheinung
schwand in Blickes Schnelle.
Am Horizont ging auf der Sonnenball.

Die Wüste schwieg. Doch in der Morgenhelle
Klang's in mir fort wie ferner Glocken Hall ....

Die Welt ist eitel. Doch des Stoffes Hülle
Verbirgt mir nun nicht mehr das ew'ge Urgestein;
Noch untertan der Zeit sah ich die Fülle
Der Gottheit, sah das ewigeine Sein.

Im Vorgefühl hab ich den Tod bezwungen,
Im seherischen Traum die Macht der Zeit.
O ew'ge Freundin, schwach von mir besungen,
Verzeih, was meine Muse Dir geweiht.

Weihe an Maria

Wenn sich jemand Maria weihen will, um schneller und tiefer zu Gott zu kommen und ihm besser zu dienen, dann ist das nicht nur ein religiöser oder mehr oder weniger devotionaler, asketischer Akt, vielmehr hat diese Auslieferung in die Hände der Mutter weit ausgespannte Dimensionen. Der Mensch darf sich in seine Urschale zurückgießen und bei ihr zutiefst auch leiblich geborgen sein.
Er erfährt dabei eine Liebe, in deren Strom er sich annehmen kann, so wie er gerade ist, und weiß: er wird nicht zerschellen. Er wird in der Spannung zwischen seinem Sündigsein und zugleich gerechtfertigt nicht mehr hin- und hergerissen, sondern erfährt die Verwandlung dessen, was er eben noch als ungenügend erklärt hat und nicht annehmen wollte. In Maria geschieht die Integration all unserer zerbrochenen Stücke in die Ganzheitlichkeit. Das Gesicht der Ganzheitlichkeit ist ihr Gesicht. In sie zerfließen heißt, aus dem Fragmentarischen ins Ganzheitliche kommen, um Christus jetzt schon ganz zu gewinnen.

Maria ist die große Brunnenschale, die die gewaltige Flut der Liebe Gottes aufnehmen kann, so daß kein Tropfen verloren geht. Im Überfließen dieser Schale kann ich alles empfangen, während es anderenfalls in mir wegspritzen würde wie auf einem zementischen Boden. Sogar die Sündhaftigkeit, die man in sich spürt, hat da nicht mehr den zerstörerisch-niederschmetternden Charakter, denn ich darf meine Grenzen leben und zugleich die Grenzenlosigkeit Gottes, wenn ich mein Ja nur in das Ja Mariens lege.

Und dieses Ja Mariens ist immerfort wirksam zugegen, weil die Heilsgeschichte im Herzen des Vaters gesammelt, gebündelt ist. Dort ist ihr Fiat für mich greifbar. Das ist ein Lieblingsgedanke der Väter.

Es ist darum so wichtig, daß wir uns Maria weihen und unser Leben ihr übergeben, weil wir damit das Gefälle der Zeit vorwärts treiben und damit sozusagen die „Ferse Mariens" werden, mit der sie in der Kraft Christi den Widersacher Gottes endgültig zertreten wird.

Durch die Weihe an Maria, so schreibt Grignion, entspringt das Leben Mariens und damit das Leben Jesu in uns. Wir sammeln schon die Glieder des Leibes Christi hin auf die himmlische Harmonie, denn in ihr, der Grundform Christi und der Kirche, ist alles wie in einem Netz zusammengefaßt.

In Maria gerinnt die Menschheit zur Brautschaft. Maria faßt in sich die Geschichte der Menschheit und des Kosmos hinein in den, der sie zusammenfaßt. Und so vollendet sich in dieser Frau das Rad des Heiles. Unter dem großen Zeichen des Meeressternes wird der Kosmos heimgeführt zur Hochzeit des Bundes von Schöpfer und Schöpfung. So steht alle Welt offenkundig im großen Zeichen der Frau.

Hier sei einer der schönsten Gesänge der heiligen Hildegard an Maria angefügt:

> *O strahlender Edelstein, leuchtende Schönheit der Sonne*
> *die sich aus dem Herzen des Vaters in Dich*
> *als springender Lebensquell ergoß.*
>
> *Sein einziges Wort*
> *durch das er den Grundstoff der Erde erschuf,*
> *den Eva verdarb.*

Dieses Wort hat der Vater in Dir
Mensch werden lassen.
Deshalb bist Du der leuchtende
Urstoff
durch Dich haucht dieses Wort
alle seine schöpferischen Kräfte
wie es im Urzustand alles
Geschaffene erweckte.
(Gesang 10)

Hier wird etwas Wichtiges ausgesagt: Der Menschgewordene Sohn Gottes atmet, haucht alle Schöpferkräfte des Vaters durch Maria aus. Es sind die Kräfte (Energien!), die die Schöpfung und die Welt im Anfang gestaltet haben. Es sind aber auch alle Kräfte, die der Mensch zum Leben braucht, vor allem auch zu seinem geistlichen Leben. Sie wollen in ihm zu Tugenden werden. – Hildegard wird in ihren Werken nicht müde, die starken Wirktätigkeiten und Heilkraft der Energien Gottes zu beschreiben.

Wirksamkeiten der „Energien" Gottes

Die Kräfte der Liebe Gottes haben nach Hildegard insbesondere drei Wirksamkeiten:
Erstens bauen sie auf. Darum darf man sagen, daß insbesondere durch Maria Welt gebaut wird, der Leib Christi selbst und in seinen Gliedern (die Kirche) und schließlich bereits das himmlische Jerusalem, die zukünftige Welt.
Zweitens: Es sind kämpferische, das Böse abwehrende Kräfte. „Fortissima militia" nennt sie Hildegard. Sie richten sich gegen alles Böse, alles, was chaotisch macht. Darum ist Maria das große Zeichen am Himmel, das den Kampf gegen den Drachen führt. Die Kirche preist sie in der Liturgie „schöner als die Sonne, aber auch schrecklicher als ein geordnetes Schlachtheer". Das heißt nicht, Maria sei eine kämpferische Frau gewesen, sondern daß die starken Abwehrkräfte Gottes gegen das Böse und damit das Chaos der Welt in ihr vollkommen wirksam geworden sind. So kann sie auch uns im Kampf mit dem Bösen in uns wirksam helfen.
Drittens: Es sind heilende Kräfte (medicina!). Darum nennt Hildegard Maria, die „Mutter der heiligen Heilkunst". Insbe-

sondere wirkt die Barmherzigkeit heilend, ja sie ist die Grundlage jeder Medizin. Die schöne Kraft der Barmherzigkeit ruhte – so Hildegard – am Herzen des Vaters, bis er sie in den Schoß der Jungfraun legte. Darum ist Maria die Mutter der Barmherzigkeit. Hildegard läßt sie (im LVM) sprechen: „*Ich bin in Luft und Tau und aller grünenden Frische ein überaus liebliches Heilkraut. Übervoll ist mein Herz jedwedem Hilfe zu schenken. Ich war schon zugegen als das ‚Es werde' erscholl, aus dem alle Welt hervorging. Den Gebrochenen helfe ich auf und führe sie zur Genesung. Eine Salbe bin ich für jeden Schmerz. Ich wirke bei Tag und bei Nacht. Alle guten Werke wirke ich bei Tag, bei Nacht salbe ich alle Schmerzen*"(I, 17).

Das Unbefleckt-Sein Mariens

Maria war so sehr „Empfängnis", daß sie alle Kräfte der Liebe Gottes aufnehmen konnte. Darin besteht ihr „Unbefleckt-Sein". Dies wäre zu eng gefaßt, wenn man darin nur ein Sich-enthalten von der Befleckung sehen würde. Es besteht vielmehr in der ungeheuren Empfangskapazität für die Liebeskraft Gottes.

Hildegard schreibt, daß sich bei Maria in der Empfängnis eine äußerste Liebeskraft entzündete, in der sie ihr Ja zum Willen Gottes spricht. Damit gibt sie Antwort auf die „starke Liebeskraft" des Schöpfers, die Hildegard bei der Erschaffung des Menschen wie eine glühende Flamme den kleinen Lehm des ersten Menschen erwärmen und zum Leben weckend sieht (Sc. II,1).

Maria, Urbild der Prophetie

Maria ist aber auch das Urbild der Prophetie, die „Königin der Propheten", obwohl sie den Propheten zeitlich nachgeordnet ist.

In ihr vollzieht sich die Prophetie nicht als Verkündigung des noch im Dunkeln verborgenen Gottes, im Wort, sondern als absolute Manifestation.

Das Gebären der Wahrheit, das sich bei der Menschwerdung in Maria vollzieht, ist bei ihr nicht im übertragenen Sinne zu verstehen wie bei den Propheten, sondern in der ganzen Dramatik der Geburt eines Kindes. Maria ist die Prophetin schlechthin. Das Gebären versinnbildet für Hildegard den Akt der prophetischen Inspiration, im Anschluß an Jesaja 42,14: *„Ich hatte sehr lange geschwiegen. Ich war still und hielt mich zurück; wie eine Gebärende will ich nun schreien, ich schnaube und schnaufe."*

Hildegard erläutert darum die prophetische Gabe als Prozeß leidvoller Wortwerdung des Geheimnisses und somit die Offenbarung des Wunderbaren in der Geschichte. Dem Propheten wie der Schwangeren ist zuerst das geduldige Tragen auferlegt. Zur Geburtsstunde verwandelt sich das Schweigen in offene Rede. Das Verborgene tritt durch den Schmerz der

Geburt offen zu Tage. Hildegard hat das an sich selbst immer wieder erfahren.
Maria ist durch die Menschwerdung des Herrn in ihr die Prophetin schlechthin. Im 15. Gesang kommt das bei Hildegard eindrucksvoll zur Sprache:

> *„Ach all ihr Elenden voller Scham!*
> *Seht, wie sie schleichen dahin*
> *von Geschlecht zu Geschlecht*
> *auf der Pilgerbahn ihrer Entfremdung.*
> *Da aber schallt dein Ruf,*
> *ein Rufen mit lauter Stimme.*
> *Du richtest ihn wieder auf,*
> *den Menschen,*
> *der da so heillos tief war gesunken."*

Die „laute Stimme" ist die prophetische Rede. Maria bleibt also auf unserer Pilgerschaft Prophetin, die uns die Wege Gottes weist, wächst doch die Kirche in der Prophetie ihrer Glieder dem entgegen, der nicht aufhört zu sprechen, bis alles vollendet ist.

Maria trägt die Schöpfung Christus entgegen

Eine Mystikerin unserer Tage schaute einmal – ähnlich wie Hildegard – Christus als den kommenden Richter der Endzeit. Ihm – so berichtet sie – geht Maria entgegen. Unter ihrem halb geöffneten Mantel wird die Schöpfung sichtbar, Engel und Menschen sind in hektischer Arbeit dabei, die gestörten Elemente in Ordnung zu bringen und den Lauf der Geschichte zu heilen. Aber das gelingt nicht. Und so begegnet Maria – in ihrem Schoß die ganze Welt – ihrem Sohn und Richter der Welt. Was tut sie?
Schweigend öffnet sie ihren Mantel weit vor ihm und spricht nur diese beiden Worte: *„Ich glaube!"*.
Die Seherin fügt an: *„Kann Er, der der kanaanäischen Frau geantwortet hat: ‚Frau, dein Glaube ist groß. Was du willst, soll geschehen' (Mt. 15,21), seiner eigenen Mutter auf ihren großen Glauben hin ihren Wunsch nicht erfüllen und der Welt gnädig sein?"*

Unter dem Mantel ihres Glaubens sind wir gerettet. Auch die Schöpfung darf Hoffnung haben.

Quellen- und Literaturangaben

Die Quellenangaben der zitierten Hildegard-Texte erfolgen nach dem lateinischen Titel, da die deutschen Ausgaben verschiedene Titel tragen.
Sc = Scivias
LDO = Liber divinorum operum
LVM = Liber vitae meritorum
Die Nummern der Gesänge entsprechen der von Berschin,Walter/Schipperges, Heinrich herausgegebenen 1995 im Bleicher Verlag erschienenen Ausgabe: Symphonia. Gedichte und Gesänge. Lat/Dt (Sammlung Weltliteratur)
Die angeführten Hildegardtexte wurden größtenteils von der Autorin aus dem Lateinischen übertragen.

Die Gedichte Solowjews folgen der neunbändigen Gesamtausgabe von Rudolf Müller und Irmgard Wille, München: Wewel 1977, zitiert nach Thomas Schipflinger, a.a.O. 170-178. Wir danken dem Auer-Verlag (heutiger Inhaber der Rechte) für die erteilte Abdruckerlaubnis.

In gleicher Reihe erschienen

Caecilia Bonn OSB
Mut zur Ganzheit
Der Mensch zwischen Sehnsucht und Sucht in der Sicht der hl. Hildegard

Hildegard von Bingen hat einem "Zeitalter der Spaltung" wieder den Blick für das Ganze eröffnet. Sie lädt auch heute ein, "wie durch ein Fenster" in die Transzendenz zu schauen und nicht länger Himmliches und Irdisches voneinander zu trennen.
36 Seiten, kartoniert

Barbara Albrecht
Seid meine Zeugen!
Zum Selbstverständnis des Christen
96 Seiten, kartoniert

Rudolf Ammann
Gottes Bund steht
Überlegungen zu zentralen biblischen Texten
63 Seiten, kartoniert

Tilmann Beller
Leben in ihrem Licht
Gedanken zur Bundniserneuerung
57 Seiten, kartoniert

Elmar Busse
Maria – einfach faszinierend
44 Seiten, kartoniert

Elmar Busse
Reformer aus Liebe
66 Seiten, kartoniert

Elmar Busse
Wenn die Ampel von Gott erzählt
101 Seiten, kartoniert

Hanna-Barbara Gerl
Maria – und die Situation des Glaubens in Deutschland
38 Seiten, kartoniert

Herbert King
Gestaltwandel der Kirche
82 Seiten, kartoniert

Herbert King
Kirche wohin?
47 Seiten, kartoniert

Herbert King
Der Mensch Joseph Kentenich
70 Seiten, kartoniert

Marie-Luise Langwald
Lebens-An-Gebote
86 Seiten, kartoniert

Theo Meier
Maria, die große Glaubende
62 Seiten, kartoniert

Ulrich Wickert
Marianische Perspektive
Christliches In-der-Welt-Sein aus europäischer Sicht
45 Seiten, kartoniert